Bibliografische Information Der Deutschen Bibliothek:
Die Deutsche Bibliothek verzeichnet diese Publikation in der
Deutschen Nationalbibliografie; detaillierte bibliografische
Daten sind im Internet über <http://dnb.ddb.de> abrufbar.

Herstellung und Verlag:
Books on Demand GmbH, Norderstedt

ISBN-13: 978-3-8334-9861-9

Gastarbeiter Unser

Friede sei mit Dir

Lange sollst Du leben

Über den Autor:

Murad Durmus, geboren im schwäbischen Herrenberg, studierte Informatik und Philosophie. Er lebt seit 2004 in Frankfurt am Main.

Autorenhomepage: **www.murad-durmus.de**

Für meine Eltern Rahmi und Sebile Durmuş,
und allen anderen Gastarbeiter
der ersten Generation

Insbesondere für die, die nicht mehr unter uns
weilen

-

Ihr seid alle Helden

Vorgeschichte

Eine Sternschnuppe am Firmament. Wünsch' Dir was! Ein verdreckter Eisklumpen von irgendwo her ist beim Eintritt in die Erdatmosphäre verglüht, nichts weiter! Du kannst Dir aber trotzdem was wünschen. Die Ursache ist in diesem Fall sekundär. Vergiss für einen Augenblick die newtonschen Gesetze, denn die Wirkung ist absolut primär. Ein Anblick, so Ehrfurcht erregend wie das endlose Meer. Ihre Wirkung ist alles andere als leer. Lass Dich einfach gehen, denn es gibt noch so viele Pfade zu begehen. Dein Leib wird eines Tages vergehen. Deine Seele dagegen wird eines Tages ganz sicher wieder auferstehen. Bis es so weit ist, müssen wir alle noch eine Weile anstehen. Hoffentlich wird am Ende etwas Grosses entstehen. Letzteres ist Gottes eigene Entscheidung. Wir müssen nur acht geben vor vorzeitiger Beschneidung.

Ich wünsche mir, dass die Gastarbeiter ihren verdienten Lohn erhalten und endlich mal was für sich behalten. Wir müssen Sie endlich befreien von ihren Sorgenfalten.

Nur geben und geben. Man kann nicht die ganze Zeit so leben. Man muss auch mal die eigenen Früchte genießen und nicht die ganze Zeit die Familie mit Zuschüssen begießen. Wann denkst Du endlich mal an Dich selber? Das Leben wird von nun an immer kälter. Ich weiß, einige Deiner Kinder bereiten Dir immer noch Sorgen. Du denkst, Du musst sie immer noch versorgen. Sie kommen schon alleine klar. Mach' endlich Deine Träume wahr. Deine Träume waren für Dich immer nur Zäune. Reiße sie endlich ein und wasche Deine Seele vom Kummer rein. Ein neues Leben wartet auf Dich – trete doch bitte herein.

Ich wünsche mir, dass die Gastarbeiter auf einen Thron gehoben werden. Begleitet von den hundert schönsten Pferden. Siehe da! Noch eine Sternschnuppe. Lasst uns diesmal alle gemeinsam etwas wünschen.

Wunsch, geh bitte in Erfüllung,
königlich soll sein die Gastarbeiter Abfindung.

Es war wieder höchste Zeit meine Eltern zu besuchen. Das letzte Mal hatte ich sie vor drei Monaten gesehen. Ich kann mich noch sehr gut an die wässrigen Augen meiner Mutter erinnern. An meinen Vater, wie er mir mal wieder nicht erlaubt hat, dass ich seine Hand küsse. O Vater, habe nur für Dich abgeschlossen das Alma Mater. Der Titel ist Dein. Endlosen Respekt gegenüber Dir ist mein. Mit Wehmut hatte ich das Gastarbeiter Paar zurückgelassen. Wie oft werde ich sie wohl noch sehen? Ich komme wieder Gastarbeiter. Ganz bestimmt! Sei bis dahin bitte nicht all zu sehr verstimmt.

Mit Schwermut fuhr ich in meine neue Wohnung. Weit weg von Ihnen. Weit weg von Ihrer Geborgenheit. Weit weg von Ihrem schützenden Licht. Ich muss für sie unbedingt schreiben ein Gedicht. In meinem Herzen sind sie immer bei mir. Ein Ehrenplatz für die Ewigkeit. Habe bitte keine Angst vor der Einsamkeit. Wir werden immer für Euch da sein. Wie für die Erde der Sonnenschein. Sie gehören auf den Thron und mir ist es mehr als bewusst, dass ich alles Ihnen zu verdanken habe.

Gabe für Gabe, ohne eine Frage. Sie haben Tag für Tag hart gearbeitet um uns ein Leben mit all seinen Vorzügen und Möglichkeiten zu bieten. Ein Opfer, das so groß ist, das man dessen Wert nicht ausdrücken kann. Alleine sie zu erwähnen ist doch schon zu vermessen. Wir dürfen all dies niemals vergessen.

Ich kann mich noch sehr gut daran erinnern, wie ich jedes Mal wach blieb und darauf wartete bis Vater von der Spätschicht kam. Mutter hatte schon den Tee vorbereitet und empfing ihn mit leuchtenden Augen. Die Fremde vor der Tür abgestellt, setzte er sich sogleich an seinen Platz. Zügig trank er ein Gläschen nach dem anderen. Als ob jeder einzelne Schluck ihn ein Stück näher an seine Heimat bringen würde. Ach, welch eine schmerzhafte Bürde. Eine unbezwingbare Hürde. Wie utopisch doch seine Sehnsüchte. Utopie werde jetzt bloß nicht zur Blasphemie. Die Utopie hat ihren Ursprung in der Entelechie. Ich sehe Aristoteles nicken. Die Augen meines Vaters wehren sich dem Einnicken.

Von der Arbeit erzählte er nie, sondern hörte nur meiner Mutter zu. Sie erzählte leidenschaftlich die Geschehnisse des Tages. Vater hatte Mühe ihren Worten zu folgen. Müde von der Arbeit. Noch müder von dem Leben in der Fremde. Müde von der großen Verantwortung. Er ernährte nicht nur seine eigene Familie, sondern noch ein Dutzend in der Türkei. Leben konnte er dagegen niemals frei. Oh Gastarbeiter, Du hast viel zu viel gearbeitet. Einfach viel zu viel Material verarbeitet. Wann kommst Du endlich zur Ruh? Das Fremde ist für Dich wie ein viel zu großer Schuh. Deine Jugend hast Du mit arbeiten verbraucht. So wie Dein Atemzug die Zigarette raucht. Du bist mit der Hauptgrund wieso der Schornstein Deiner Fabrik so raucht. Niemals hast Du Dich bei Deinem Chef beschwert. Die Arbeit niemals unnötig erschwert. Ein vorbildlicher, schweigsamer Arbeiter warst Du. Wie die Zeit verstrichen ist im Nu. Oh, Du ehrwürdiges Familienoberhaupt. Prunkvoll soll gekrönt werden Dein Haupt. Ich sehe es schon schleierhaft vor mir, schaut!

Ich läute die Tür. Es ist schon später Abend. Höre keine Schritte zur Tür. Ich läute abermals die Tür. Schlafen Sie etwa? Sie sind zu Hause, denn aus den Fenstern strömen Photonen in die Dämmerung hinaus. DÄMMERUNG? Da klingelt es bei mir! Sie beten gerade. Es ist Gebetszeit! Wie konnte ich es nur vergessen. Mein Glauben ist wie zu Wein gemachten Trauben geworden. Er wurde mit meiner Zustimmung zertreten. Wann habe ich eigentlich das letzte Mal eine Moschee betreten? Lange her, jedoch wiegt die Liebe zu Gott innerlich noch schwer. ERLEICHTERUNG. Der Glaube im Herzen ist wichtig. Wenn man ihn nach außen trägt muss man sein äußerst vorsichtig. Nur wenige machen es richtig.

RELATIVIERUNG. Begehe wieder einmal innerliche Infiltrierung. Schluss mit dieser Diffamierung.

Höre jemanden an die Tür schlürfen. Ganz langsam geht sie auf. Die Tür war nicht abgeschlossen. Jeder ist willkommen. Juden und Christen dürfen auch hereinkommen. Doch heute werden meine Eltern Ihren Sohn bekommen.

Ich sehe das Gesicht meiner Mutter durch den Türspalt scheinen. Es schimmert wie der Mond. Als sie mich erkennt, strahlt ihr Gesicht wie die Sonne. Ich bin jetzt an einem Ort, wo ich endlose Wonne bekomme. Sie sagt nichts, sondern flüstert leise vor sich hin. Sie betet noch. Sogleich kehrt sie zu ihrem Gebetsteppich zurück. Ich trete hinein, ziehe meine Schuhe und Jacke aus. Setze mich hin.

Die Gastarbeiter beten. Das Teewasser kocht. Vater setzt zum Abschlussgebet an. Seine Handinnenflächen sind gen Himmel gerichtet. Was betet er jetzt wohl? Worum bittet er Gott? Bin mir sicher, dass er nicht für sich um Vergebung bittet. Die Gastarbeiter haben an erster Stelle immer nur an ihre Kinder und Verwandten gedacht. Vater rollt den Teppich zusammen. Er kommt mir entgegen. Sofort stehe ich auf, denn ich will Ihm entgegen kommen. Für einen Augenblick sehe ich ihn verschwommen vor mir. Als wir uns direkt gegenüber stehen, setze ich an, ihm die Hand zu küssen. Er hält seine Hand darüber. Wieder einmal darf ich ihm meine Ergebenheit nicht zeigen.

Hält er sich nicht für ehrwürdig genug? Wir schütteln uns kräftig die Hände und fassen uns mit der noch freien Hand an die Schulter.

„Gott möge Dein Gebet erhören und akzeptieren." sage ich. Er nickt und rezitiert leise eine Sure aus dem Koran.

„Mein Sohn,

mein einziger Sohn, mein ein und alles!"

kommt meine Mutter singend aus dem Hinterhalt angeschossen. Wir umarmen uns. Wir umarmen uns so sehr, dass ihr Kopftuch sich verdreht. Ich küsse ihre Hand. Ich küsse ihre Wangen. Ich küsse ihre Stirn.

„Setz dich hin, Sohn. Du hast sicher Hunger."

‚Ich habe keinen Hunger, es ist doch viel zu spät um zu Essen' spreche ich in Gedanken zu mir. Es ist sinnlos dies meiner Mutter zu sagen. Werde trotzdem genüsslich speisen. Würde jetzt sogar essen, wenn das Essen mir bis zur Kehle stehen würde. Ich will alles tun, dass die Gastarbeiter sich wohl fühlen. Verboten sind alle Handlungen und Worte die die Atmosphäre kühlen. Vater klappt das Buch zusammen. Die Schriften von Al-Ghazali.

Der Erretter aus dem Irrtum. Weiß wenig über seine Gedanken. Weiß viel über Descartes, Leibniz' und Poppers Gedanken. Descartes lernte von Al-Ghazali. Ich lerne von Leibniz und Popper. Das habe ich den deutschen Büchern zu verdanken. Es gibt noch so vieles zum Auftanken.

Die islamische Philosophie! Viele halten sie immer noch für eine gefährliche Epidemie. Ein wenig Zeit, ernsthaftes Interesse und Offenheit führt irgendwann ganz sicher zur Weisheit.

Vater schaut mich mit müden Augen an. Ich weiß was er mich jetzt fragen wird.

„Wie läuft es mit der Arbeit?"

Ich berichte von meiner Eifrigkeit und lächele ihm freundlich zu. Möchte gerne jetzt sagen:

„Vater, Hand auf's Herz. Sag mir, wie groß ist Dein Schmerz?"

Sage aber nichts. Versuche es mit meinen Augen zu sagen. Wie gerne würde ich Dich ernsthaft befragen. Ganz besonders an so gefühlsbetonten Tagen. Wieder einmal muss ich es vertagen.

Vielleicht werde ich Mal eines Tages für Euch ein Gedicht aufsagen. Vielleicht.

Mutter deckt den Tisch mit zitternden Händen. Ich will ihr helfen, doch sie befiehlt mir sitzen zu bleiben. Sie droht mir mit freundlichen Ohrfeigen. Noch ein Gedankenfetzen:

Islam = absolute Wahrheit?

Christentum = absolute Wahrheit?

Judentum = absolute Wahrheit?

Buddhismus = absolute Wahrheit?

Islam + Christentum + Judentum + Buddhismus = absolute Wahrheit?

$\frac{1}{2} + \frac{1}{4} + 1/8 + 1/16 + 1/32 \ldots = 1$

Es gibt nur einen Gott! Es kann nur einen Gott geben! Ein Gottesbeweis? Sicherlich nicht annähernd so erkenntnisreich wie der Gödelsche.

Niemand darf die Wahrheit für sich in Anspruch nehmen. Viele Wege, viele Irrwege. Nüchtern sein wie einst Gottlob Frege? Hauptsache man bemüht sich nach der Wahrheit unaufhaltsam und rege.

Die Philosophie der Mathematik ist auch die Philosophie des Lebens. Manche versuchen dies immer noch zu bestreiten vergebens.

Gedankenfetzen zerknüllt! Bin wieder vom Geist der Gastarbeiter umhüllt.

Das Essen schmeckt köstlich. Je mehr ich esse, desto glücklicher wird meine Mutter. Je mehr ich vom Essen meiner Mutter speise, desto geborgener fühle ich mich. Ich kann mir nicht mehr vorstellen wie es sich anfühlt als Verlorener. Der Tee muss warten bis ich fertig gegessen habe. Er wird dunkler von Minute zu Minute. Ich beeile mich.

„Das Essen war köstlich, Mutter. Du bist die Nummer eins in Sachen Zubereitung von Futter."

Sie lächelt überglücklich. Ich versuche es zu erwidern vergnüglich. Sie will den Tisch abräumen. Diesmal halte ich sie energisch zurück. Ich räume ab. Hole den Tee und die wohlgeformten Gläser. Muss für einen Augenblick an die Konturen von Sibel Can denken. Die Ästhetik ist eine erstrebenswerte Wissenschaft. Sie verlangt vom Menschen höchste geistige Bereitschaft.

Vater nimmt einen Würfelzucker in den Mund. Ein beherzter Schluck. Er schließt die Augen. Der Tee wärmt seinen Körper. Früher hat er ihn mit arbeiten aufgewärmt. Seine Leistungen wurden niemals umschwärmt. Der Tee wird für ihn immer wichtiger. Das Gebet ist für ihn lebenswichtiger. Das Gastarbeiter Paar bereitet sich auf den Tod vor. Wir müssen ihm zuvorkommen, denn so vieles haben Sie noch von uns zu bekommen.

„Yusuf Bey haben sie im Krankenhaus behalten. Wir sollten ihn gleich morgen besuchen!"

zerstückelt meine Mutter mit ihren Worten die angenehme Atmosphäre. Yusuf Bey ist Gastarbeiter. Yusuf Bey ist Vaters bester Freund. Yusuf Bey ist todkrank.

Vaters Kopf senkt sich sogleich. Ich kann hören wie er innerlich anfängt zu weinen. Er versucht gelassen zu reagieren und nimmt einen Schluck vom bereits leerem Teeglas.

„Ich kann euch morgen ins Krankenhaus fahren!"

versuche ich mit unpassend heiterem Ton die Stimmung wieder aufzurichten.

„Das wäre sehr gut, Sohn. Dein Vater hat sowieso Probleme mit dem Autofahren."

antwortet Mutter nüchtern und blickt zu Vater. Er schüttelt nur den Kopf und blickt zur Decke.

Vater hat uns ein Dutzend Mal sicher mit dem Auto in die Heimat gefahren. Minimum an Schlaf, Maximum an Konzentration. An seinen Fähigkeiten zu zweifeln ist eine unzulässige Legitimation.

Das digitale Funkradio aus Mekka fängt plötzlich zu singen an. Ich schrecke auf. Erbärmlich, wie kann man sich nur vom Gesang des Muezzins erschrecken. Es ist wieder Gebetszeit! Zeit sich zu schmiegen in Gottes Geborgenheit.

Mit Erinnerungen an meine Kindheit, in Obhut der Gastarbeiter, wiege ich mich sanft in den Schlaf.

Am darauffolgenden Morgen frühstücken wir ausgiebig. Oliven, Tomaten, Schafskäse, Fladenbrot und Schwarztee. Ein herrliches Frühstück. Ein herrlicher Tag, jedoch ein trauriger Anlass, der uns nach draußen treibt. Mutter packt einige kulinarische Spezialitäten. Sie hatte noch bis tief in die Nacht für Yusuf Bey kostbare Böreks zubereitet. Gefüllt mit Käse, Spinat und Hackfleisch. Krankenhaus Essen ist nichts für den Gastarbeiter.

Vor dem Zimmer auf dem Gang und im Zimmer ist großer Menschenandrang. Wir betreten das

Zimmer. Alle wollen dem Gastarbeiter ihre Genesungswünsche persönlich überbringen. Frau, Töchter, Sohn, Schwiegersohn, Verwandte, Bekannte. Einige von ihnen sitzen sogar auf der Bettkante. Sie alle sind da! Die Strahlen der Sonne lassen Yusuf Beys Gesicht erscheinen im wunderschönen Schimmer. Neben ihm stapeln sich Tüten mit köstlichen türkischen Spezialitäten. Die Gesichter der Anwesenden sind die unterschiedlichsten Orientalitäten. Die Tüte meiner Mutter bringt den Stapel beinahe zum Einstürzen. Die aufmerksame Tochter konnte es verhindern. Wie kann man nur die Schmerzen von Yusuf Bey am besten lindern?

Keiner redet ernsthaft über seine Krankheit. Für die meisten ist das Leben in der Fremde an sich schon eine Krankheit. Die Enkelkinder erheitern die Stimmung. Dies ist für alle Anwesenden wie göttliche Erleichterung. Der Sohn mahnt abermals die zahlreichen Besucher still zu sein. Yusuf Beys Zimmergenosse Josef funkt dazwischen.

„Nein, nein ich fühle mich nicht gestört. Bewundernswert ist euer familiärer Zusammenhalt und

Nächstenliebe. Ich liege schon seit zwei Tagen hier und bis heute ist niemand erschienen."

Was soll man darauf nur antworten, denke ich. Yusuf Beys Frau schnappt sich eine Tüte und geht zu Josef. Sie bietet ihm mit gebrochenem deutsch Börek an. Geschmeichelt und lächelnd lehnt Josef das Teiggebäck ab. Er darf jetzt nichts essen. Yusuf Beys Frau denkt, Josef schämt sich und deswegen lehnt er ab. Die Tochter eilt zu Hilfe und klärt auf. Nur ein kleines Missverständnis zwischen den Gastarbeitern und den Gastgebern.

Yusuf Bey bekommt plötzlich einen Anfall. Sofort werden die Ärzte benachrichtigt. Sofort wird das Zimmer geräumt. Einige fangen zu weinen an. Unkenntnis über die Krankheit? NEIN! Unkenntnis über die Grausamkeit des Lebens? NEIN! Ungerechtigkeit des Lebens? JA!

Ich flüchte auf die Toilette. Ich flüchte vor der Stille. Ich flüchte von der Wortkargheit der anderen und meiner. Bin unendlich traurig. Auf einmal wird es mir ganz schaurig. Erzeuge einen kleinen Teich mit meiner linken Hand unter dem Wasserhahn. Trinke Wasser. Schaue in den Spiegel, und sehe wie ich werde immer blasser. Der gefühlsbetonte Türke kommt in mir schlagartig hoch. Seit Jahren lag er versteckt in einem Loch. Beinahe muss ich erbrechen. Stehe kurz vor dem innerlichen Zerbrechen. Seit Jahren habe ich nur in den Gewässern der Vernunft gebadet. Habe Gleichung für Gleichung gelöst. Mein Verstand hat mein Herz fast vollständig abgelöst.

Bei meinen Eltern wuchs ich auf mit viel Herz. Draußen im fremden Lande führt das Handeln mit viel Herz zu großem Schmerz. Vernunft verlangen die Europäer von ihren Bürgern. Wenn man sich nicht daran hält, werden sie schnell zu Würgern.

Die erste Träne kullert meine Wange runter. Ich spreche verzweifelt in den Spiegel.

„Halte durch, Gastarbeiter, halte durch. Jetzt, wo die Zeit gekommen ist die Früchte endlich zu ernten. Du darfst noch nicht sterben, Gastarbeiter. Die Welt ist noch angewiesen auf glorreiche Reiter. Du bist ein zäher Kämpfer. Du wirst auch diesen Lebenskampf nicht verlieren. Von nun an wirst Du Dein Leben nach eigenen Wünschen kreieren.

Du musst doch noch viele Male mit Deinen Enkelkindern scherzen. Wie sollen wir alle nur Deinen Verlust verschmerzen? Stirb nicht, bitte stirb jetzt nicht, denn Du bist unser hellstes Licht."

Schluchzend versinke ich über dem Waschbecken. Der Sohn kommt in dem Augenblick herein. Ich befeuchte sogleich mein Gesicht. Wir schauen uns an und sagen nichts. Ich habe geweint. Jetzt ist er dran mit weinen. Die Sonne wird auch noch morgen scheinen.

Ich werde ein Gedicht schreiben und werde berichten von Deinem Leiden. Das habe ich mir geschworen und bete, dass die Menschen werden es erhören.

Gib dem Gedicht eine Chance. Es ist nicht so gut, dass es Dich versetzt in eine Trance. Es ist einfach und vielsagend. Ganz sicher nicht überragend. Öfters sind die Zeilen fragend. Manchmal mahnend. Einige sind sogar warnend.

Doch nichts für ungut. Das Gedicht sollte für Euch sein wie ein kostbares Gut. Es zu schreiben ver-

langte viel Mut. Ich hoffe Ihr werdet es schätzen
und es nicht behandeln wie ein Stück Fetzen. Wir
wollen doch weiterhin die Gastarbeiter schätzen.
Sie haben doch unser Dasein bereichert mit so vie-
len kostbaren Schätzen. Von nun an werden wir
niemals über Sie abfällig schwätzen. Wenn doch,
sollen wir fallen in ein tiefes Loch. Unsere Seele
soll in der Hölle schmoren und dann sein für ewig
verloren! Das haben wir von nun an geschworen
vor Gottes Toren.

Ich hoffe das Gedicht bringt ein wenig Licht.
Ihre Bedeutung ist alles andere als schlicht.

Die Zeilen sind äußerst einfach,
und zumeist gehalten zweifach.

Nicht die Schwere ist die Kunst,
sondern die Botschaft damit es funzt.

Die Zeilen sind für uns Pflicht,
wie für den Gastarbeiter einst die Schicht.

So viel gearbeitet, dann der plötzliche Tod.
Manche von Ihnen hatten ein einfaches Leben
wie ein Laib Brot.

Die Gastarbeiter werden von Tag zu Tag
weniger.
In unserem Herzen werden Sie dagegen immer
lebendiger.

Wir erheben Sie auf ihren verdienten Thron.
Knien nieder und besingen Sie mit ehrwürdigem
Ton.

Von nun an werdet Ihr leben in Frieden,
denn wir werden euer Glück schmieden.

Das Gastarbeiter Paar sind unsere Wegbereiter.
Sie sind und waren unsere glorreichsten Reiter.
DANKE nochmals für die segenreiche Lebensleiter.

Vorrede

Die Mauer fällt,
das Misstrauen zerfällt.

Die Teilung hat ein Ende,
der Gasterbeiter wartet immer noch
auf die positive Wende.

Italien, Anatolien und Spanien.
Zusammen bereichern sie Germanien.

Okzident, Orient.
Das erste, den jeder kennt.
Der zweite, an dem man sich leicht verbrennt.

Die Vernunft und das Herz.
Nur zusammen ergibt es keinen Schmerz.

Gastarbeiter oder Gastgeber = Herz oder Vernunft.
Nur zusammen haben wir eine Zukunft.

Der Gastarbeiter

Von weit her bist du gekommen,
wie gewonnen so zerronnen.

Aus den verstecktesten Winkeln der Erde,
aus einer kleinen Menschenherde.

Orte, die nicht mal auf der Karte zu sehen waren.
Dein Kopf war bedeckt mit schwarzen Haaren.

Hast dich von deiner Mutter, deinem Vater, deinen
Geschwistern, Freunden und von deiner großen
Liebe in Tränen verabschiedet,
und dabei große Pläne geschmiedet.

„Ich werde schon bald wieder zurückkommen",
sagtest Du ein wenig benommen.

„Wir werden uns dann ein Haus bauen",
wolltest Deine Familie nur aufbauen.

„Werden unsere Kinder in die Schule schicken
                                          können",
vielleicht dann uns auch etwas gönnen.

„Werde unserem Dorf einen Brunnen spenden",
alleine damit ließest Du es nicht bewenden.

„Werde die schönsten Geschenke mitbringen",
ihr werdet euch alle um sie ringen.

So hast Du alle getröstet,
bist dabei nicht einmal errötet.
Hast Dein Herz in der Heimat gelassen.
Wolltest Dich eigentlich mit was ganz anderem
befassen.

Bist in ein Land aufgebrochen,
um nur zu gehorchen.

Zu ARBEITEN,
gewiss auch HILFE LEISTEN.
In guten und in schlechten Zeiten.

Einige haben es nie so empfunden.

Trotzdem haben sie vom neuen Reichtum

getrunken.

Nicht selten waren sie davon betrunken.

Manche von ihnen waren echte Schurken.

Doch zum Glück waren die meisten in Ordnung.

Sie hielten sich an die abgemachte Verordnung.

Verehrter Gastgeber,

oder soll ich lieber sagen,

Verehrter Arbeitgeber?

Es ist Zeit sich endlich zu besinnen.

Der GASTARBEITER hat nicht mehr viel Zeit,

lasst uns damit sofort beginnen.

Zuerst mit Freundlichkeit,

dann mit Heiterkeit,

egal, Hauptsache hilfsbereit.

Es gibt keine Zeit zu verlieren.

Wir müssen endliche Ihre Wunden balsamieren.

Du hast gelebt in einem Land,
dessen Name Du nicht einmal aussprechen
konntest.
Obwohl Du es seit einer Weile bewohntest.

Wie wolltest Du nur all dies kompensieren,
ohne dich dabei zu beschmieren.

Man hat Dir nur gesagt,
dass es dort etwas kälter ist.
Pass ja auf,
dass Du nicht alles isst,
damit Du nicht erbrichst.
Sonst nichts.

Die Sehnsucht wurde Deine beste Freundin.
Selten Heidi, Susi oder Katrin.

Du warst ihnen fremd.
Vielleicht ein wenig zu verklemmt.

Ganz sicher aber scheu.
Dem bist Du immer noch treu.

Du hättest es ja ernsthaft versucht,
wäre da bloß nicht gewesen die Sehnsucht.
Tiefer als die tiefste Schlucht.

Du hast in jungen Jahren die Verantwortung
übernommen.
Sicher hast Du damit viel zu früh begonnen.

Verantwortung so viel größer als Du.
Wie ein viel zu großer Schuh.

Für diese Verantwortung gibt es nur eins:
Bewunderung mit unzulässiger Minderung,
jedoch mit dem Recht auf Linderung.

Du hast literweise die Tränen der Jugend vergossen.
Auf keinen Fall vor deinen deutschen Bossen.
Auf jeden Fall in irgendwelchen Gossen.

In einer dunklen Ecke,
manchmal sogar mit einer Decke.

Du warst ein netter Mann,
manchmal sogar ein Tyrann.

Bei so viel innerlichem Schmerz,
verzeihen wir Dir mit ganzem Herz.

Wie sehr auch dein Kummer dich zu fressen
begann,
die Arbeit hatte Dich stets im Bann.

Stunden für Stunden,
hast Du dich geschunden.

Du hattest gar keine Jugend,
hattest aber dafür viel Tugend.

Du hast gearbeitet, gearbeitet und gearbeitet.
Einfach viel zu viel Material verarbeitet.

Frühschicht, Spätschicht, Nachtschicht.
So wenige Stunden blieben Dir im Tageslicht.

Dein einziger halt in deinem Leben waren die

                        Deinesgleichen.

Gemeinsam legtet ihr eure Weichen.

Hast unendlich viel Tinte und Blätter verbraucht,

dazu noch unendlich viele Zigaretten geraucht.

Hast deine Sehnsucht mit 1001 Wörtern

                        ausgedrückt.

Sie mit endlosen Tränen geschmückt.

Ohne es zu merken wurdest du zu einem großen

                        Dichter.

Jetzt sind sie nicht mehr so hell, all die Lichter.

Aber trotzdem bist Du für uns immer noch eine Art

                        Richter.

Nicht selten kamen wir durch Dich erst auf den

                        Trichter.

Du hast die Tage der Sehnsucht gezählt und

gezählt...

… und zählst sie immer noch.

Kein Ende vermag dies doch.

Gestopft werden soll dieses Loch.

Du weißt ja,

nach dem Tief kommt das Hoch.

Das Ende der Sehnsucht schien zu Anfang nah,

egal was auch immer geschah.

Du quältest dich unendlich.

Doch jetzt kommt das Ende endlich.

Es gibt kein Weg mehr zurück.

Hör endlich auf und genieß den Glück.

So klein es auch sein mag.

Vergiss nicht,

24 Stunden hat der Tag.

Du bist ein Heimatloser.

Manche sprechen immer noch zu Dir,

als wärst Du ein Brotloser.

Schande soll kommen über Sie.

Man soll Sie schlechter behandeln als das Vieh.

Doch nichts für ungut,

wir brauchen alle noch ein bisschen Mut.

Geh aber bitte nicht, Gastarbeiter.

Du bist ein Held, also mach weiter.

Du bist ein unterschätzter Gescheiter.

Vielmehr als nur ein Gefreiter.

Gönn Dir erstmal die wohlverdiente Pause,

denn Du bist jetzt hier zu Hause.

Norden, Süden, Westen, Osten.

Du kannst das Leben überall kosten.

Wann immer Du uns brauchst,

gelegentlich uns auch anfauchst.

Wir sind immer für Dich da.

Länger als das Sternbild Andromeda.

Sind wir es nicht.

Erlöschen soll das Licht.

Du bist eine Kerze ohne Docht.

Wie dein Herz noch immer pocht.

Tock, Tock, Tock …

Sogar nach dem schlimmsten Schock.

Manche meinen, Dein Leben ist jetzt ohne Zweck

Bist wohl ein altes Schiff mit einem großen Leck

Aufgebraucht,

Ausgebrannt,

Ausgenutzt,

Ausrangiert.

Das war erst nur der Anfang vom Alphabet.

Höre lieber auf, sonst wird es noch ein Gebet.

Deine Seele scheint leer getrunken
In deinem Sessel sitzt Du jetzt versunken.

Wie viele Jahre hast Du dich nicht geschunden.
Hast jetzt Wunden für Wunden.
Für was?
Für wen?
Für dich selbst?
Wieso bist Du nicht millionenschwer?

Schwester, Brüder, Eltern und die Verwandten.
Dein Geld wussten sie nie zu verwalten.

Ganz geschweige es zu schätzen.
Sagten immer,
es wären doch nur fetzen.
Bloß ein Stück Papier.
So groß war ihre Gier.
Wie ein blutrünstiges Tier.

Hättest Du doch bloß mehr für dich genommen,
dann wärst Du jetzt nicht mehr so benommen.
Deine Zeit wird aber noch kommen.
So sicher wie der Kreis ist vollkommen.

Vielleicht nicht jetzt, morgen oder in diesem Leben.
Ganz sicher aber nach dem Diesseits Regen.

Man erntet, was man sät.
Wie schön wäre es, wenn Du es noch sehest.

Verdient hast Du es gewiss.
Alles andere wäre ein großer Beschiss.

Ein Wunder, dass Du noch stehst.
Vielmehr noch, dass Du lebst.

Das Wunder, ja das bist Du.
Von nun an hören wir Dir immer zu.

Was hast Du in deinem Leben nicht alles ertragen.
Bist so oft in die Heimat mit dem Wagen,
und kannst immer noch so viel Lasten tragen.

Bist immer noch nicht Böse.

Sogar nach alldem Getöse.

Wenn einer das Recht hat, dann sicherlich Du.

Doch willst Du endlich deine Ruh.

Deine Kinder haben auch schon Kinder.

Das Leben ist seitdem etwas milder.

Deine Glieder schmerzen,

deine Enkelkinder scherzen.

Du kannst immer noch Leben mit vollem Herzen.

Du bist unser Held.

Wie gütig Du Dich immer noch verhälst.

Kein Geld auf dieser Welt

kann die Opfer die Du erbracht hast versöhnen.

Sag,

wie kann man Dich nur verwöhnen?

Voller Achtung verneigen wir uns vor Dir.

Gott sei mit Dir.

Friede sei mit Dir.

Gastarbeiter,

wir sind mit Dir auf all Deinen restlichen Wegen.

Auch im Regen,

lass uns endlich über alles reden.

Die Frau des Gastarbeiters

Du verweilst noch im Dorf und tausende Gedanken
brausen durch Deinen bedeckten Kopf.

Bist doch versprochen,
trotzdem noch ungebrochen.

Wo ist aber nur das Versprechen.
Auf keinen Fall darfst Du darüber sprechen.

Du betest jeden Tag,
morgens, abends, nachts
und am Nachmittag.

Du würdest Ihn gern jetzt berühren.
Insgeheim sogar verführen.

Tausende Kilometer weit weg.
Hat er wohl ein gutes Versteck?

Zwischen Maschinenlärm und in kleinen Baracken.
Vor lauter Arbeiten ist steif sein Nacken.

Hände Wund von der Arbeit quält sich Dein
Versprechen.
Trotzdem wirst Du es niemals brechen.

Klammerst Dich verzweifelt an die Sehnsucht.
Betest jeden Tag,
dass er bleibt fern von jeder Sucht.

Die Sehnsucht hält euch am Leben.
Für Dich ist das mehr als nur ein Segen.

Die Sehnsucht wird euch wieder schmiegen.
Ihr werdet bald nebeneinander liegen.

So oft an ihr wieder neue Kraft geschöpft.
Wie oft wünschtest Du Dir, Du wärst geköpft.

Durch das Funkeln der Sterne streicheltet Ihr euch
einander.
Nicht mehr lange dann seid ihr wieder beieinander.

Keine Entfernung scheint zu groß.
Wie gut ist wohl Dein Los?

Das Universum schrumpft zur Größe einer
Nussschale.
Ihr habt sogar die Zustimmung der Schakale.

Bin bald da, lautet die Nachricht von Norden.
Verdient hast Du damals schon den Orden.

„Habe noch etwas Geduld meine Zukünftige,
noch sind wir so etwas wie Schiffsbrüchige."

„Die Trennung ist bald vorbei,
mit ihr der ganze Sehnsuchtsschrei."

So oft diese Worte schon gehört.
Ernstlich hat es aber nie gestört.

Die Zeit ist gekommen,
von nun an darfst Du dich auch mal sonnen.

Endlich wird geheiratet.
Die Ehe wird nun von Gott geleitet.

So oft hattest Du den Glauben an ihn schon

verloren.

Das erste Kind ohne die Anwesenheit des Vaters

geboren.

Die Freude ist groß.

Die Zukunft sitzt nun auf dem Schoß.

Dein Mann darf erst kommen,

wenn die Arbeit getan ist.

Dich dann holen

mit einer kleinen List.

Schließlich entkommst Du aus all dem Schlamm.

Deine neue Heimat interessiert Dich kein Gramm.

Warst quasi eingeschlossen in deinem Zimmer.

Ohne den geringsten Schimmer.

Deine Geborgenheit hörte vor Deiner Haustüre auf.

Stück für Stück,

trautest Du Dich dennoch den fremden Berg

hinauf.

Wie Du uns dabei groß gezogen hast.

All das,

ohne eine Sekunde Rast.

Kochen, Waschen und Bügeln.

Du wusstest Dich dabei jedoch stets zu zügeln.

Die Größe deines Opfers kann man nicht

                                        bemessen.

Es zu erwähnen ist doch schon zu vermessen.

Was hast Du nicht alles für uns getan.

Es ist Zeit,

das wir endlich werden Dir untertan.

Du hast uns erzogen,

gefüttert und manchmal geschlagen.

Das letzte war nur nötig um Dich zu beklagen.

So schwer war doch alles im fremden Lande.

Noch schwieriger war die ganze Rasselbande.

Töchter und Söhne aufgewachsen in Reichtum.

Du dagegen verlangtest nicht einmal den verdienten

Ruhm.

Deine Bescheidenheit haben wir nicht vergessen.

Von nun an sind wir davon besessen.

O Mutter, Du hattest für uns immer Futter.

Deine Thesen waren uns wichtiger als die von

Luther.

Alle Kinder sind jetzt groß gezogen.

Das Leben macht jetzt um dich einen großen

Bogen.

Deine Bewegungen sind jetzt träge und

schmerzhaft.

Doch nimmst Du all dies immer noch scherzhaft.

Dein Lächeln ist größer als die Hoffnung.

Gibst uns damit den nötigen Schwung.

Du bist immer noch wunderschön.

Doch deine Haare sind jetzt zu wenig für den Fön.

Deine Augen strahlen wie eh und je.

Dein Antlitz ist so schön wie eine Fee.

O Frau des Gastarbeiters,

was soll man nur sagen.

Du musstest sicherlich noch mehr Leiden ertragen.

Brauchst keine Bedenken zu haben,

von nun an gibt es kein Unbehagen.

Eine Minute des Andenkens,

viel zu wenig für vierzig Jahre des Schenkens.

Das Gastarbeiterpaar jetzt schon eine Legende.

Für immer und ewig,

ohne ein Ende.

Epilog

Mahnend zeigt der Europäer mit dem Finger auf
die Türkei.
Am Bosporus hört man dagegen nur lautes
Geschrei.

Gewiss muss die Türkei noch vieles lernen.
Die Menschenrechte sind leider noch in weiten
Fernen.

Die Türken brauchen noch ein wenig Zeit.
Die Vergangenheit ist ihr größtes Leid.

Einst waren die Europäer die Schüler der Osmanen.
Jetzt lachen sie nur noch über all die Karawanen.

Der einst so große Osmane,
kommt heute rüber wie ein Schamane.

Im Unterricht wird seine Geschichte gemieden.
Ein Geheimnis ist er von all dem Sieden.

Was wollen sie eigentlich von der Türkei?
Hört endlich auf mit eurer Angeberei.

Konstruktive Lösungen sind von Nöten.
Die Kultur darf man dabei nicht töten.

Der Deutschtürke wirkt hilflos.
Seine Verwirrung ist zu groß.

Er lebt in parallelen Welten.
Offene Arme empfangen ihn dagegen nur selten.

Er wirkt ein wenig gebrochen,
doch wird er niemals blind gehorchen.

Er hat mittlerweile ein wenig Komplexe,
denn der Europäer verhält sich wie eine Hexe.

Zum Glück sind es nicht all zu viele.
Zu utopisch sind doch ihr Ziele.

Irgendwann wird sich das Blatt wieder wenden.
Denn Gott hält die Geschichte in den Händen.

Jede Kultur hat ihre guten Zeiten.
Man sollte vorsichtig auf ihr reiten.

Genug der Geschichte.
Sie verwirrt nur,
und führt aus dem Lichte.

Doch nun wieder zum Türken,
ohne das Gedicht zu türken.

Wohin soll er denn nur gehen?
Auf keinen Fall soll er aber stehen.

Die Brücke zwischen Morgen- und Abendland
soll er begehen.
Wo ist sie denn nur?
Er kann sie nicht sehen.

Er soll zwischen beiden Welten vermitteln.
Was genau soll er übermitteln?

Verständnisvoll, weitsichtig und tolerant.
Auf keinen Fall darf er sein ein Ignorant.

Den Islam darf er so nicht preisen.

Schnell ist er ein Fanatiker,

und die Medien beißen.

Gemäßigt soll er sein,

durchschnittlich und rein.

Zivilisiert soll er sich benehmen.

Gelegentlich sich für seinen Glauben schämen.

Viele von uns trinken doch schon Wein.

Zu viel verlangt ist doch das Verzehren von

Schwein.

Ohne Schwein fühlen wir uns nur rein.

Die Tür ist offen, bitte kommt doch herein.

Der Türke in mir wird aggressiv.

Ich sollte lieber vorgehen sukzessiv.

Was ist das eigentlich für eine Art von Denken.

Wir müssen dem schnell entgegenlenken.

Eine Beleidigung für das Türkentum.
Einst ritten sie doch von Ruhm zu Ruhm.

Die Zeiten haben sich jedoch geändert.
Der Türke hat sich nur wenig verändert.

Ein Sinneswandel ist erforderlich.
Alles andere ist nur hinderlich.

Wie soll er das ganze nur tun,
ohne zu verlieren sein Türkentum?

Der Türke muss sein Denken erweitern.
Keine Angst haben vor dem Scheitern.

Sehr vieles soll er reformieren,
ohne dabei seinen Glauben ignorieren.

Ein schwieriges Unterfangen.
Die Welt schaut mit Bangen.

Der Türke wird es am Ende jedoch schaffen.
Die Demoskopen dann nur noch gaffen.

Das Christentum ist anscheinend das Maß der
Dinge.
Gebt jedoch Acht, immer enger wird die Schlinge.

Das alles hetzt doch nur auf,
wir müssen einfach nur den Berg des Respekts
hinauf.

Es sind keine leeren Worte.
Schaut,
die Zeugen stehen an jedem Orte.

Vielleicht nicht jetzt, aber ganz sicher morgen.
Weniger werden dann auf jeden Fall die Sorgen.

Ob Muselman oder Christ.
Viel Böses ist geschehen auf unserem Mist.

Doch nun will ich es beenden.
Ihr habt es alle in euren Händen.

Erlaubt mir noch ein paar Zeilen.
Gewiss müssen alle noch am Charakter feilen.

Islam und Christentum,
Religionen mit viel Ruhm.

Sie haben doch so viel gemeinsam.
Ihre Lehren sind für uns alle heilsam.

Islam und Christentum Hand in Hand.
Die einzige Zukunft in neuem Gewand.

Worte an den Nobelpreisträger Orhan Pamuk

Pamuk ist jetzt Türkeis bekanntester Schriftsteller.
Ein Buch nach dem anderen ist ein Bestseller.

Die Türkei hat Regionen mit viel Schnee.
Die Cafés sind voll mit schwarzem Tee.

Rot ist sein Name, schwarz das Buch.
Die weiße Festung ist wie ein Fluch.

Erinnerungen an eine Stadt, sein letzter Streich.
Istanbul Du bist einfach unermesslich reich.

Pamuk hat jetzt ein neues Leben.
Nicht wirklich,
er will weiterhin alles geben.

Bleib weiter so bescheiden,
und erzähle weiter unsere Leiden.

Von nun an hast Du große Macht.
Stehst im Fadenkreuz und unter Verdacht.

Deine Worte liest nun die ganze Welt.
Sie zucken sogar auf, wenn Dein Hund bellt.

Nicht alle sind stolz auf den Nobelpreisträger.
Einige Türken halten ihn für einen Vaterlandsverräter.

Der Hinweis auf den Genozid,
brachte Dich nah an den Suizid.

Doch jetzt bist Du unantastbar,
die Akademie als Freund ist kostbar.

Du kannst die Zukunft der Türkei mitbestimmen.
Ihre Klänge besonders gut einstimmen.

Die jüngere Generation wird zu Dir hinaufschauen.
Ihre Gedanken auf Deinen Worten erbauen.

Du trägst jetzt große Verantwortung,
Fragen über Fragen warten auf Beantwortung.

Du wirst die Erwartungen ganz sicher erfüllen.

Die Dilettanten werden uns dagegen weiter

zumüllen.

Bereichere uns bitte weiter mit deinen Sätzen.

Wir werden sie auch in Zukunft schätzen.

Du bist ein Brückenbauer,

ganz gewiss ein Schlauer.

Nochmals Gratulation für den höchsten Preis.

Wir sind schon auf dein nächstes Buch heiß.

Worte an Deutschland

Sehr geehrte Bundesrepublik Deutschland:
Wieso verlangst Du von uns so viel Pfand?

Wieso willst Du uns mit der Brechstange
                                        integrieren?
Willst Du unsere Kultur und Seele dividieren?

Die Borgs hätten uns sicherlich schon assimiliert.
Zum Glück bist Du an uns noch ernsthaft
                                        interessiert.

Du weißt doch, so etwas braucht Zeit,
zuerst muss man sein hilfsbereit.

Am wichtigsten ist der Dialog.
Noch wichtiger der Prolog.

Der Türke hat gewiss noch Potenzial.
Sein Charakter ist leider nicht ganz trivial.

Hin und hergerissen zwischen zwei Welten.
Noch schlimmer als die der Kelten.

Man kann Ihn ganz schnell reizen,
ähnlich wie mit einem BMW heizen.

Zum Glück gibt es Besserungen.
Die Neider betreiben weiter Verwässerungen.

Sie wollen nicht, dass wir uns gut verstehen,
Noch weniger, dass wir gemeinsame Wege begehen.

Du ohne die Türken?
Unvorstellbar,
dafür will niemand bürgen.

Was ist nur los mit der EU?
Wollen sie uns nicht? Sag es – nur zu!

Diese unehrenvolle Hinhaltetaktik.
Welch eine erbärmliche Praktik.

Verdammt noch mal,

wir müssen noch viel lernen.

Steht nicht da,

und schaut nur aus den Fernen.

Wir müssen die Probleme gemeinsam lösen.

Oder willst Du uns nur entblößen?

Wir wissen, einiges stimmt nicht in unserem Land.

Wann reichst Du uns endlich mal Deine Hand.

Denkt ja nicht, wir wollen Dir in den Arsch

                                           kriechen.

Der Türke musste so eine Scheiße niemals riechen.

Du und die Türkei müsst gemeinsam kämpfen.

Und euch nicht gegenseitig bekämpfen.

Beim Aufbau haben wir euch doch unterstützt.

Vor dem Arbeitskräftemangel beschützt.

Wir haben in diesem Land so viel Steuern gezahlt.

Doch Du hast uns immer nur ermahnt.

Wir haben doch schon einige Arbeitsplätze
geschaffen.
Du musst uns noch mehr helfen uns aufzuraffen.

Doch im Grunde genommen bist Du rechtschaffen.
Du bezahlst die Leute, die anständig schaffen.

Jetzt ist es Zeit für Streicheleinheiten,
Schluss mit all den Feigheiten.

Die Demokratie ist bei Dir beispiellos.
Dafür gebührt Respekt - zweifellos.

Doch wann können wir ernsthaft miteinander
reden.
Du bist so groß und wir in letzter Zeit etwas
verlegen.

Wir sehen, Du gibst Dir Mühe.
Leider ist es noch eine lauwarme Brühe.

Bin gespannt, wie sich das Ganze noch weiter
entwickelt.
Bis zur Lösung werden sicherlich noch einige Babys
gewickelt.

Meine letzten Zeilen an Dich.
Hör gut zu, und sprich jetzt nich.

Ohne die Türken hat Deutschland keine Zukunft.
Wir wollen doch alle eine sichere Unterkunft.

Seit Jahren isst Du unseren Döner.
Man sieht es Dir an,
Du wirst immer schöner.

Wir sind hier keine Ausländer mehr.
Sei endlich zu uns kompromisslos fair.

Wir geben Dir mehr Sonne.
Du uns dafür mehr Wonne.

Du kriegst von uns mehr Heiterkeit.
Wir lernen von Dir Bescheidenheit.

Wir bekommen von Dir Unterricht in

Demokratie.

Du von uns ein paar Stunden angenehme

Lebensphilosophie.

Dies waren nur ein paar Beispiele.

Es gibt doch noch sooo viele.

Doch jetzt ist wirklich Schluss.

Nur noch zwei Zeilen,

die sind ein Muss.

Einigkeit und Recht und Freiheit.

Vor sechzig Jahren endete Deine letzte Bosheit.

Ausklang

Ich spreche nicht von einem Traum,
denn dafür gibt es keinen Raum.

Die Globalisierung ist nicht aufzuhalten.
Die Reichen dürfen nicht das Geld für sich behalten.

Wir ziehen alle am gleichen Strang.
Müssen hinauf den steilen Hang.

Europa und die Türkei.
Was für ein schöner Brei.
Jeder Mensch und Gedanke sollte sein FREI!!!

Weitere Bücher des Autors:

L.I.E.B.E.
Genre: Philosophischer Liebesroman
ISBN: 978-3833462887
Verlag: BoD

Dieses Buch vermittelt dem Leser einen sehr guten Einblick in die Liebe und Leidenschaft eines universell belesenen Mannes. Die Wortwahl des Erzählers ist dabei ausdrucksstark, tiefgründig und amüsant. Die Geschichte ist in fünf Kapitel unterteilt, wobei jedes davon nicht nur von einer Frau erzählt, sondern uns auch etwas von den Geheimnissen der Philosophie, Psychologie und Physik näher bringt.

Pressestimme
Gespickt mit Zitaten voller Esprit und klug (sic!) platziertem Wissenschaftswissen ergibt sich ein nahezu geometrischer Roman, der von feingezeichneten Charakteren, spannendem Plot und wuchtiger Sprache gekennzeichnet ist. Liebe ist das Thema - selten wurden so gelungen Herz und Kopf gemeinsam angesprochen!

REH-ZENSIONEN, April 2007

Das Buch, das Deutschland verändern wird!

Panoptikum. Deutschland den Türken, oder: Wie kann man diese Türken nur assimilieren?

Genre: Romansatire
ISBN: 978-3-8334-9859-6
Verlag: BoD

Deutschland in den Händen von Türken! Es ist nichts wieder zu erkennen! Überall Dönerbuden, Wettbüros, Moscheen …

Die Deutschen (soweit diese nicht schon geflüchtet bzw. ausgewandert sind) sind in den östlichen Teil Deutschlands verdrängt worden und führen mehr oder weniger ein erbärmliches Dasein.

Einzige Rettung: Harald, der sich seit Jahren in Alaska befindet um die Geschichte der deutschen Goldgräber zu erforschen. Nach mehreren erfolglosen Versuchen Harald in Alaska ausfindig zu machen, kehrt dieser sofort nach Erhalt der beunruhigenden Nachrichten nach Berlin zurück **...**

Wird es Harald und seinen Freunden gelingen Deutschland von den Besatzern zu befreien?

So viel ist jedenfalls gewiss:
Die Stunden der Neo-Osmanen sind gezählt!

Weitere Infos und Leseproben finden sie unter:
www.murad-durmus.de